So schön gemütlich

Zum Aufwärmen an kalten Tagen

Warmes Knistern

ZUHAUSE

Alle
sind zurück.
Draußen
Regen Nebel Wind.

Türen Fenster
klappern
vor Kälte.

Alle
sind zurück
mit heiler Haut
und leiser
Müdigkeit.

Feierabend
Wochenendanfang.
Es knistert
vor Gemütlichkeit.

Anne Steinwart

VORM KAMIN

Vorm prasselnden Kaminfeuer
im kuscheligen Korb
eifrig schnurrend
das schwarze Kätzchen.
Ganz hingegeben dem Moment
rundum wärmenden Glücks.

Nichts anderes zählt.
Schauend lächelt meine Seele.

Maria Sassin

BRATÄPFEL

Ich kann mir im Winter, wenn es draußen so richtig knackt und stürmt, nichts Schöneres denken, als Bratäpfel zu machen. Dazu gehe ich in den Garten, schließe das Haus auf, und heize den Ofen. Ein Allesbrenner aus den Sechzigern, mit einer Kochplatte oben drauf. Reichlich Holz habe ich ja den Sommer über gesammelt. Ich nehme fünf Äpfel aus der Stiege, lege sie in den schwarzen Eisentopf, gieße einen guten Schwung Holundersaft darüber, den ich im September abgefüllt habe, und dann kommt der Topf auf den mittlerweile heißen Ofen. Der Duft, der sich wenig später im Gartenhaus auszubreiten beginnt, beinhaltet alles, was ich für mein Wohlbefinden brauche: rosa Apfelblüten im Mai, das Gesumme der Bienen, Sommerhitze, Regengüsse, das Säen, Gießen und Ernten mit Freunden, September-Holunderduft vom gemeinsamen Saften mit Kindern und Enkeln, Körbe voller reifer Äpfel im Oktober, Erinnerungen an gemeinsame Winterabende … Das ganze Gartenjahr ist in diesem Topf, in dem

Erinnerungszeit

die Äpfel allmählich zusammenschmurgeln
und platzen und schmoren, vom Feuer
durchdrungen werden und sich in eine
Köstlichkeit verwandeln, die ich mir bald
schmecken lassen werde. Bratäpfel sind
gespeicherte Zeit.
Darum sind sie so köstlich.

Doris Bewernitz

versunken

LESEN

Die Seiten des Abends
langsamer umblättern
Wort für Wort,
so manchen Gedanken dabei
einfach
zwischen den Zeilen
liegen lassen
und in den Geschichten versinken,
wie sie nur eine Kerzenflamme
erzählen kann,
wenn die Tage wieder schneller
ins Dunkel rutschen.

Isabella Schneider

DIE GRAUEN TAGE

„Wir sind, wie wir sind,"
murmeln
die grauen
windzerzausten Tage,
„komm kuscheln" –
und legen mir mit kalten Fingern
den dicken Wollpullover heraus,
schieben den Stuhl
näher an den Ofen
und kochen Tee.
Aber am liebsten haben sie,
wenn ich mir die Bettdecke
über beide Ohren ziehe
und mich nochmal
auf die andere Seite drehe.

Isabella Schneider

Zuhause sein

ANGEKOMMEN

Ich will geborgen sein
in meinem Bett meinem Haus
meiner Landschaft

ich will mich fallen lassen
im Lebensraum
meiner Lebensträume

darf ich sein die ich bin
fließt der Krug meines Lebens
über vor Glück

Cornelia Elke Schray

MASKENLOSE MOMENTE

Maskenlose Momente,
geteilte Augenblicke,
wo ich ganz ich sein darf
und du ganz du
und wir einfach da sind,
ganz unspektakulär,
schenken uns Wurzeln fürs Leben
und warme Geborgenheit.

Maria Sassin

AN KALTEN TAGEN

Mich locken
Wollsocken
gute Laune-Scherze
gegen Dunkelheit
eine helle Kerze

Anna Tomczyk

Wollsocken-Tage

SOFALEBEN

Übe den Katzentag
du kannst gemütlich schlafen
so lang du magst.

Zünd dir ein schönes Ofenfeuer an,
es ist jetzt keine Hektik
für dich dran.

Nimm einen Schluck Tee,
dazu noch Schokolade,
Winter ist gut,

ist das so,
noch eine Frage?

Cornelia Elke Schray

Herzenswärme

BEI KERZENSCHEIN

Dunkelheit ist gar nicht so schlecht, denke ich. Denn wer mag schon bei hellem Sonnenschein eine Kerze anzünden? Dabei ist das flackernde Licht einer Kerze etwas ganz Besonderes. Die Flamme scheint lebendig zu sein. Sie flackert, bewegt sich ständig, als würde sie tanzen. Ein kleines Feuer kann große Dunkelheit vertreiben. Das ist ganz faszinierend. Eine Kerze, ein Streichholz und zack, brennt die Flamme, leuchtet Hoffnung auf, das Herz wird ein wenig gewärmt.

Anna Tomczyk

ZWISCHEN DEN JAHREN

Tage die kälter werden
Nacht die uns umfängt
Gut wenn da einer zum anderen
Kommt und ihm Liebe schenkt

Die Welt steht ein bisschen stille
Die Zeit hält den Atem an
Wir entzünden ein Licht im Dunkeln
Und wärmen uns daran.

Doris Bewernitz

ES SCHNEIT

In weißen Flocken
fällt Stille
zur Erde
Ruhe breitet
sich aus
erzwungene Langsamkeit
Lehrstunde in Achtsamkeit
Wohltat
für die gestresste Seele

Peter Schiestl

Flockenwirbel

WINTERWÜNSCHE FÜR DICH

Ich wünsche dir Staunen
über den Fall der Flocken
kindliche Freude am Schneemannbauen
fröhlichen Jubel beim Schlittenfahren
ein loderndes Feuer im Herd

und so viel Wärme im Herzen
dass aus Eisblumen
Schneeglöckchen werden.

Maria Sassin

Wärmende Geborgenheit

FEUER

Ich schaue ins Feuer. Langsam erobern die Flämmchen die Holzscheite. Wärme wächst an den Wänden unseres alten Hauses, dessen Fundamente und Grundmauern noch aus dem 19. Jahrhundert stammen, empor, Wärme aus der Urkraft eines Elements. Eingefangen und gezähmt, aber immer noch mit großer Achtung zu genießen. Wärme nach einem langen Arbeitstag, mit Dauernebel und Dauerfrost. Wie wohltuend das ist. Noch eine Tasse frischen Kaffees in die Hand. Was für ein Genuss! Und mir scheint, als würden mit dem Anblick dieser Kraft, die es länger auf der Erde gibt als uns Menschen, auch die Alltagssorgen wohltuend verbrennen und als Rauch in den eisigen Nachthimmel aufsteigen. Alles ist gut. Oft kann man das nicht sagen. Aber der lange Blick in die züngelnden Flammen lassen mich wieder geborgen sein, in einem Vertrauen und einer Hoffnung die man nicht machen kann. Sie wird einem ab und zu einfach geschenkt. Gott sei Dank …

Cornelia Elke Schray

so schön gemütlich

WINTERNEST

Im Dezember, ganz umsternt vom Glanze des Weihnachtsfestes, beginne ich alljährlich mich einzulieben in die kalte Jahreszeit. Ich entsinne mich meines gemütlichen Winternestes, kleide es sorgsam aus mit schönen Erinnerungen und bunten Gedanken. So wird es nach und nach zu einem wohnlichen Platz, der mich schützt, birgt und wärmt vor dem Draußen bis mindestens Mitte Februar. Dann aber, eines sonnigen Tages, ist es genug mit Ruhe und Behaglichkeit!
Vorsichtig und neugierig zugleich wage ich einen Blick über den Nestrand, strecke und räkle mich. Keck sträubt sich mein Seelengefieder, während eine Ahnung von Frühling meine Flügel hebt und mich vor Freude zwitschern lässt wie ein Vogel!

Angelika Wolff

Mit Texten von:
Doris Bewernitz: S. 4f, 13 © bei der Autorin. **Maria Sassin**: S. 3, 9, 15 © bei der Autorin. **Peter Schiestl**: S. 14 © beim Autor. **Isabella Schneider**: S. 6f © bei der Autorin. **Cornelia Elke Schray**: S. 8, 11, 16f © bei der Autorin. **Anne Steinwart**: S. 2 © bei der Autorin. **Anna Tomczyk**: S. 10, 12 © bei der Autorin. **Doris Wohlfarth**: S. 14 © bei der Autorin. **Angelika Wolff**: S. 18f. © bei der Autorin.

 Dieser Baum steht für umweltschonende Ressourcenverwendung, individuelle Handarbeit und sorgfältige Herstellung.

ISBN 978-3-86917-573-7
© 2017 Verlag am Eschbach der Schwabenverlag AG
Im Alten Rathaus/Hauptstraße 37
D-79427 Eschbach/Markgräflerland
Alle Rechte vorbehalten.

www.verlag-am-eschbach.de

Gestaltung, Satz und Repro: Angelika Kraut,
Verlag am Eschbach.
Einbandmotiv: Ilka Osenberg-van Vugt
Schriftvorlagen: Ulli Wunsch, Wehr
Herstellung: HÖHN GmbH, Ulm